CHANTS POPULAIRES

DU

BRÉSIL

PREMIÈRE SÉRIE
RECUEILLIE ET PUBLIÉE
PAR
Mᵐᵉ ELSIE HOUSTON-PÉRET

Introduction par Philippe Stern

LIBRAIRIE ORIENTALISTE PAUL GEUTHNER
13, RUE JACOB — PARIS-6ᵉ
1930

BIBLIOTHÈQUE MUSICALE
DU MUSÉE DE LA PAROLE ET DU MUSÉE GUIMET
CHANTS POPULAIRES — CHANTS ORIENTAUX
CHANTS DES RÉGIONS LOINTAINES

DIRIGÉE PAR :

HUBERT PERNOT   ET   PHILIPPE STERN

Professeur à l'Université de Paris   Conservateur du Musée Indochinois du Trocadéro

Directeur du Musée de la Parole   Attaché au Musée Guimet

L'effort de la Bibliothèque Musicale est tourné vers l'Orient, vers les contrées lointaines et vers toutes les régions qui demeurent encore *terres inconnues* sur la carte musicale. Elle espère ainsi ouvrir des voies d'accès vers des formes d'art encore presque ignorées.

Elle entend, en général, offrir le document musical tel qu'il a été exécuté dans son pays d'origine, avec ou sans harmonisation ou accompagnement rythmique, cherchant la vérité plus que la facilité d'exécution. Parmi les diverses versions d'un même chant, elle croit préférable d'en choisir une et de la donner complète avec ses multiples ornements et inflexions, plutôt que de réduire le chant à une simple ossature mélodique, commune aux diverses variantes, mais jamais exécutée dans sa nudité.

Elle préconise l'emploi d'un petit nombre de signes, qui viennent s'ajouter à l'écriture habituelle pour indiquer ce que cette dernière ne peut exprimer, et qui sont, pour la musique, ce que sont les signes diacritiques pour les langues. On trouvera dans chaque fascicule de la première série, la liste de ces signes destinés à noter les quarts de ton, les timbres spéciaux de la musique populaire et orientale, les accentuations spéciales des notes, etc.

La Bibliothèque Musicale comprend deux séries de publications :

1ʳᵉ série : Recueils de mélodies (numérotés en chiffres arabes, couverture crème). Cette section publie *de la musique*. Elle s'adresse aux musiciens et à ceux qui aiment la musique autant qu'aux orientalistes et aux spécialistes du folklore. Des préfaces et bibliographies critiques tentent de préciser la position des chants édités parmi les autres musiques, de donner l'état des travaux concernant ces questions et les diverses indications qui peuvent être utiles à tous.

2ᵐᵉ série : Travaux concernant la musique (numérotés en chiffres romains, couverture grise). Section consacrée *aux études* plus spéciales et plus techniques se rapportant surtout à celles des voies où les musiques orientale et populaire ont été plus loin que la musique qui nous est familière, principalement celles des modes, des rythmes, des styles, etc.

SIGNES SPÉCIAUX EMPLOYÉS

Un certain nombre de signes sont adoptés pour tenter d'exprimer exactement les principales nuances de la musique orientale et de la musique populaire, que la notation ordinaire ne peut indiquer. Leur multiplicité relative ne saurait effrayer le lecteur, car il est rare qu'un grand nombre d'entre eux figurent dans le même chant, et l'indication écrite accompagne en général le signe nouveau, à son apparition. Le lecteur que ces signes embarrasseraient peut même, à la rigueur, ne pas tenir compte des signes de timbre et d'accent et ramener les signes de hauteur aux signes habituels dont ils dérivent : il reviendrait ainsi à l'écriture habituelle. Les signes nouveaux sont surajoutés; ils ne modifient pas la notation, ils la complètent. On peut donc ne les suivre que partiellement, mais plus on les observera, plus on serrera de près la vérité, plus on retrouvera exactement la courbe, la sonorité et l'ambiance du chant.

INTENSITÉ. Les signes habituels (forte, piano, etc.).

HAUTEUR. ⧣ : élève le son de moins d'un demi-ton (1/4 de ton approximativement).

      ♯ : élève le son d'un demi-ton (dièse ordinaire).

      ♯♯ : élève le son de plus d'un demi-ton et de moins d'un ton (3/4 de ton approximativement).

      ⧹ : abaisse le son de moins d'un demi-ton (1/4 de ton approximativement).

      ♭ : abaisse le son d'un demi-ton (bémol ordinaire).

      ⎮♭ : abaisse le son de plus d'un demi-ton et de moins d'un ton (3/4 de ton approximativement).

TIMBRE. ▼ Guttural. Voix placée en arrière, un peu sombre.

      ▼ Guttural et serré. Gorge contractée (timbre constant dans le "Flamenco" andalou).

      ▽ Guttural clair. Voix placée un peu en arrière, mais jamais sombre ni serrée; l'émission est très ouverte, claire, mais non poussée en avant.

)(Voix et parole forcées; gorge, larynx légèrement contractés.
C'est le contraire d'une voix trop aisée, doucereuse et fade.
Est constant dans le "guttural et serré" mais se trouve souvent ailleurs.
Donne une expression âpre, intense, contenue.

      ⋈ Voix glapissante, perçante. Emission haute et forcée.

      И Nasal.   } S'emploie pour toute nasalisation musicale, même celle
      ɴ Légèrement nasal. }   provoquée par les paroles.

      ∧ Voix de tête ou de fausset.

      ∨ Voix de poitrine.

      ⊢——⊣ Bouche fermée. Sombre, assourdi, sans éclat.

      ⎡ Chant très articulé tendant vers la parole.

      ⎕ Presque complètement parlé.

      ×××× Peu net, pâteux, est dit parfois "savonné". Les notes s'interpénètrent. Les contours mélodiques sont enveloppés, imprécis, continus.

      ᒣᒣᒣ! Détonnant : tendance à baisser légèrement sans jamais atteindre, même de loin, un demi-ton. La mélodie est comme tirée vers les registres graves, d'où souvent une expression de mélancolie et de nostalgie.

Ce signe abaisse tout un groupe de notes successives : c'est donc une manière de chanter qui se rattache au style. On ne doit pas le confondre avec le signe qui abaisse de moins d'un demi-ton une note particulière et qui, ainsi, caractérise, d'une manière fugitive ou durable, une échelle, un mode.

∿∿ ∿∿ ∿∿ Vibrant. Tremblement léger et rapide dont l'oscillation est loin d'atteindre un demi-ton. Même effet que la " voix céleste " de l'orgue.

ACCENT. ⎯ Signe habituel. Appui léger, sans à-coup, ne rompant pas la continuité de la ligne musicale.

⎯⎯ Même signe, prolongé. Provoque un étirement de la note, pas assez marqué cependant pour changer sa valeur. C'est un très léger point d'orgue entraînant une liaison avec la note suivante.

∧ Signe habituel. Appui vigoureux, parfois très marqué.

∧ Note très appuyée, attaquée par en dessous.

∧⎯ { Combinaison { Note très appuyée, puis allongée, étirée.
∧⎯ { de signes { Note attaquée par en dessous, très appuyée et étirée.

ʔ Coup de glotte.

Les signes de timbre soulignent toute manière de chanter qui s'oppose à notre émission habituelle, claire, limpide, précise, séparant les notes, et à la voix placée en avant.

Quand ces signes ne modifient qu'une note, ils sont placés sur cette note. Quand ils modifient un groupe de notes, ils sont répétés ou suivis d'une ligne de points. Quand ils s'appliquent à toute la mélodie, ils sont inscrits à son début, au dessus de la portée, correspondant à l'armature de dièses ou de bémols de la clé.

Ces signes ont été conçus pour la voix, ils s'appliquent tout naturellement aux sonorités instrumentales correspondantes.

Un signe de timbre plus petit et barré annule l'effet du signe correspondant. On y a recours quand un même signe de timbre apparaît et disparaît à plusieurs reprises dans le même chant.

Les accents peuvent être redoublés et aussi se combiner entre eux.

Les ornements à peine perceptibles et aux contours peu nets sont parfois indiqués en petites notes entre parenthèses.

Les liaisons sont constantes dans la musique orientale : les principales seules sont indiquées. Souvent la première note, la note inférieure, est accentuée, car, en Orient, on ne tend pas vers le port de voix aisé, langoureux, à l'italienne, la voix retombant sur la note d'arrivée; au contraire, la voix souvent est un peu forcée, serrée sur la première note, accent qui sert de tremplin pour bondir vers la note suivante.

Les signes de hauteur ont été empruntés au système de M. Grassi. Des signes analogues, mais plutôt moins clairs, sont fréquemment employés en Orient.

PRONONCIATION DES SIGNES ORTHOGRAPHIQUES DES CHANSONS BRÉSILIENNES

VOYELLES	CONSONNES
u = ou français	l finale, après les voyelles, se prononce comme l dure
ŏ = on —	du slave ou de l'anglais
ẽ = ain ⋯	r est fortement roulé
ã = an —	j = j français
ĩ = i nasalisé	ch, x = ch français
ũ = ou nasalisé	nh = gn mouillé comme dans agneau
	lh = l mouillée
	s, ç = s sourde
	s entre deux voyelles = s (z) sonore.

BIBLIOTHÈQUE MUSICALE
DU MUSÉE DE LA PAROLE ET DU MUSÉE GUIMET
DIRIGÉE PAR HUBERT PERNOT ET PHILIPPE STERN
PREMIÈRE SÉRIE — TOME I

CHANTS POPULAIRES DU BRÉSIL

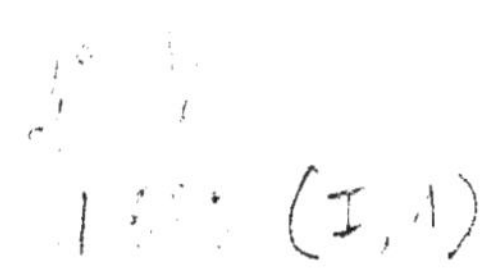

CHANTS POPULAIRES
DU
BRÉSIL

PREMIÈRE SÉRIE
RECUEILLIE ET PUBLIÉE
PAR
Mme ELSIE HOUSTON-PÉRET

INTRODUCTION PAR PHILIPPE STERN

LIBRAIRIE ORIENTALISTE PAUL GEUTHNER
13, RUE JACOB — PARIS 6e
1930

AVIS AU LECTEUR

Les chansons de ce recueil, comme presque toutes les chansons populaires, doivent être chantées d'une voix légèrement gutturale, et non posée en avant comme le préconisent nos méthodes de chant. Ce guttural n'est pas assez marqué pour nécessiter le signe spécial l'indiquant.

Les signes employés qui ne sont pas ceux de l'écriture ordinaire figurent dans une liste ci jointe. Les accents sont surtout fréquents. Ils servent à attirer l'attention sur des appuis sur les temps faibles et sur des notes étirées, créant souvent ainsi des rythmes légèrement syncopés. Ils indiquent également des notes attaquées par en dessous. Il convient d'insister sur les différences des signes : note légèrement appuyée, note appuyée très nettement et note appuyée et allongée.

Certains groupes inhabituels de croches et de doubles croches sont voulus pour déterminer des ensembles irréguliers dus au texte et séparés par de légères respirations. Des parties rapides, au débit précipité et détaché se rapprochant de la parole et s'opposant à des parties liées, sont parfois indiquées par une écriture en notes séparées.

INTRODUCTION

I

LES MUSIQUES POPULAIRES
DE L'AMÉRIQUE LATINE.

On ne peut manquer d'être frappé, lorsqu'on prend contact avec elles, de la valeur, de la richesse, de la diversité des musiques populaires de l'Amérique latine. C'est pourquoi la collection dont le présent recueil forme le premier fascicule, collection consacrée surtout aux musiques de l'Orient, a été heureuse de saisir l'occasion qui lui était offerte, Mme de Cabrera acceptant de se charger d'un recueil de chants argentins et Mme Houston Péret d'un recueil de chansons du Brésil, pour se diriger vers ces régions.

En face d'un continent si vaste et de musiques si variées, on est d'abord un peu déconcerté. Il faut cependant, au risque d'être trop schématique et de simplifier à outrance, tenter, pour permettre au lecteur de s'orienter, de dégager les tendances qui se côtoient, se heurtent ou s'allient.

Pour qui connaît vraiment telle ou telle de ces régions musicales, sa personnalité est si grande que, le plus souvent, toute ressemblance avec les autres régions disparaît; mais pour celui qui vient du dehors, qui n'a pu encore pénétrer profondément ces individualités, un air de famille unit certains aspects de ces diverses musiques, une ambiance qui s'infiltre du Mexique à l'Argentine, suivant les côtes, et qui semble cerner d'un trait l'Amérique du Sud. Il est difficile de définir ce qui est parenté globale plutôt que caractéristiques nettes. Coloration ibérique certes mais avec une tonalité autre due à une évolution spéciale, au climat, à diverses influences? La syncope domine, syncope particulière, étirée, la note rapide pas trop brève et l'appui reporté sur la note qui tombe entre les temps. L'effet est plus langoureux que nerveux : il évoque un hanchement un peu provocant ; c'est une langueur voluptueuse qui frôle souvent le mauvais goût le plus fade et le plus sentimental mais qui généralement l'évite par le rythme précis qui enserre la mélodie et lui donne sa tenue. Nous connaissons cette ambiance, sous une forme moderne et le plus souvent banalisée, par le **Tango** argentin et la **Maxixe** brésilienne mais elle subsiste, en Amérique, sous des formes plus anciennes et d'une plus grande valeur musicale.

La musique sud-américaine, sous l'aspect que nous avons cherché à préciser, ne saurait se confondre avec la musique espagnole ou portugaise mais la parenté subsiste cependant pour toute oreille non prévenue. Si ce lien a été parfois réduit à l'extrême ou même nié, du côté ibérique comme du côté américain, c'est, nous l'avons déjà indiqué, qu'une trop grande intimité avec un art l'individualise quelquefois au point de ne plus laisser voir que des différences entre lui et les autres arts. C'est également qu'une juste réaction, du côté de l'Amérique latine, contre la tendance à ne voir dans la musique sud-américaine qu'un reflet de la musique ibérique, a été parfois exagérée, une fierté nationale un peu étroite oubliant que les influences non autochtones sont constantes dans l'histoire de l'art et pensant qu'un art se diminue en les reconnaissant. Ainsi, pour celui qui prend contact avec les musiques de l'Amérique latine, par bien des aspects, la parenté avec les musiques ibériques éclate mais c'est une ressemblance générale en quelque sorte due à des influences déjà assimilées. Dès que nous cherchons à préciser, à spécifier des rapports entre des régions ou des mélodies, le lien semble, le plus souvent, se dissoudre comme un mirage. Nous ne pouvons même parler d'influence portugaise plutôt qu'espagnole au Brésil où la colonie espagnole est importante. Le rapport ne saurait de plus être réduit à une influence de l'Europe sur l'Amérique. C'est une illusion fréquente de croire qu'entre deux formes d'art, la communication a un sens unique, de la plus vieille civilisation à la plus récente. Des réactions existent généralement, sortes de chocs en retour. Sans doute en est-il ainsi dans le cas qui nous occupe : M. Villa Lobos voit dans le Fado portugais actuel une influence brésilienne, Mme de Cabrera nous signale un nom de danse argentine (Zamba pala) en Espagne et le titre de la Habanera est significatif.

En face de l'influence ibérique se dresse l'influence indienne, indiscutable dans certaines régions, parfois exagérée dans d'autres. Le groupe musical indien le plus important et le plus avancé dans l'évolution musicale est celui de l'ancien empire des Incas. Nous le connaissons grâce aux recherches si importantes de M. et Mme d'Harcourt [1]. Bien des chansons de l'arrière pays, au Pérou, sont construites sur la gamme pentaphone : cinq sons à intervalles de tons et de tons et demi, gamme des touches noires du piano. Cette gamme est inconnue en Espagne, la musique américaine à influences nègres l'ignore. Or, c'est elle que souvent donnent les instruments anciens (flûtes et syrinx) trouvés dans les tombes précolombiennes. Nous avons ainsi la preuve certaine que les mélodies actuellement chantées descendent directement de l'ancienne tradition. De plus l'ambiance peu voluptueuse, le rythme précipité dans la syncope, l'alternance des mouvements binaires et ternaires et surtout les grands intervalles (saut de septième mineure en deux notes etc.) opposent cette musique à la fois à la musique sud américaine que nous avons tenté de définir, à

---

1. Voir l'ouvrage d'ensemble de M. et Mme d'Harcourt : *La musique des Incas et ses survivances* (Geuthner 1925), des mélodies harmonisées par Mme d'Harcourt publiées chez Ricordi et la contribution de M. et Mme d'Harcourt à l'Encyclopédie musicale de Lavignac.

la musique ibérique et à la musique à influences nègres. La tradition
musicale inca se perpétue surtout au Pérou, dans l'arrière pays
montagneux mais elle s'étend également à l'Equateur, à la Bolivie,
et se retrouve encore, mêlée à d'autres influences qui prédominent,
au nord-ouest de l'Argentine, dans cette intéressante région musicale que fera connaître le recueil de Mme de Cabrera. Parfois
entièrement recouverte, la tradition inca se révèle soudain par
une échelle modale, un simple intervalle ou un rythme.

La musique des Incas n'est pas la seule musique indienne
de l'Amérique latine. De la musique de l'autre grande civilisation
précolombienne, celle de l'Amérique centrale, nous ignorons tout,
soit que les traditions aient été totalement perdues, soit que des
recherches sérieuses n'aient pas encore été entreprises ou ne nous
aient pas été accessibles. Mais en dehors de ces grands centres de
culture existaient des groupes d'indiens dont les descendants
parsèment l'Amérique du Sud et dont la musique subsiste, moins
évoluée que celle des Incas, moins riche, parfois même très mono-
tone, mais souvent d'une originalité saisissante. Malheureusement
les documents sont extrêmement rares (presque toutes les recherches sont encore à faire), et nous n'avons pu connaître ces
chants que par quelques phonogrammes notés dans le volume
de M. Roquette Pinto : *Rondonia*[1], quatre disques de musique
araucanienne enregistrés par les soins du gouvernement du Chili
et une chanson de Mme de Cabrera.

La musique des Indiens Parecis du Brésil (mélodies n° 41 et 42)
apparaît comme relativement primitive, n'employant que peu de
degrés. Ce sont des chants monotones, de courtes phrases répétées, surmontées parfois de cris, tournant autour d'un centre et

---

1. Ils nous ont été signalés par Mlle Capote Valente et M. Villa Lobos. Ce dernier
nous a également indiqué les chants notés par Lery au XVIe siècle.

y revenant inlassablement, répétant avec insistance cette note essentielle. Ces chants paraissent anciens car ils sont tout proches de ceux notés par Lery au XVIe siècle [1]. Ils évoquent certains chants russes et leur rythme lancinant fait songer au *Sacre du Printemps*. En eux aucune langueur; ils s'opposent ainsi complètement à l'ambiance sud-américaine décrite plus haut.

Cette monotonie obsédante et prenante se retrouve dans les mélodies araucaniennes, construites également sur peu de degrés et revenant sur elles-mêmes en répétitions constantes. Mais dans cette musique très raffinée malgré ces éléments fort simples, l'obsédante répétition sait, au moment opportun, se résoudre soudain, avec une étonnante sûreté, en chute descendante et détonnante. Dans cette chute et dans la reprise, à la vigueur se trouvent unies la grâce et la souplesse, sans aucune nonchalance pourtant. Les contours sont légèrement « savonnés », les ports de voix serrés montants et descendants très fréquents. Le tout est disposé sur une armature de quelques notes formant accord de septième mineure (tierce, quinte, septième mineure), notes importantes et répétées entre lesquelles passent des vocalises. Cette armature est due sans doute à l'imitation d'une petite trompe (birimbao), aux sons extrêmement fins et colorés, chargés d'harmoniques, et qui doit tout naturellement trouver les harmoniques du son principal.

Ce sont ces mêmes ports de voix, cette même armature qu'on rencontre dans la chanson de Mme de Cabrera, mais l'armature est devenue un accord parfait majeur sans doute par l'influence d'instruments européens.

Un apport très important pour certaines musiques de l'Amérique latine est l'apport nègre, si caractéristique et pourtant si difficile à définir nettement. L'influence nègre, comme l'influence ibérique,

1. Jean de Lery. — *Histoire d'un voyage fait en terre de Brésil*, cité dans *A musica no Brasil* de Theodoro Pereira de Mello. — Bahia 1908.

apparaît comme une influence globale déjà assimilée quand elle nous parvient, aussi est-il délicat de l'attribuer à telle ou telle partie de l'Afrique. Proche de la langueur sud-américaine définie plus haut, où d'ailleurs souvent transperce une influence nègre assimilée, elle en diffère pourtant. Les chants où l'apport nègre domine ont généralement un rythme pressé et précipité qui demeure nonchalant : ils usent de degrés conjoints, de chromatisme souvent, et une sorte d'ambiance nègre s'en dégage, faite d'expression directe et détendue, naïve et souriante, de nonchalance unie à du mordant, et d'une nostalgie particulière.

Un art n'est jamais isolé : ce n'est pas en se soustrayant aux influences qu'il montre sa personnalité mais en les assimilant, et l'intérêt, la valeur des musiques de l'Amérique latine viennent justement des apports si divers qui s'y mêlent. Nous ne prétendons pas cependant réduire ces musiques à des combinaisons d'éléments ; elles ont vécu, se sont transformées et leur originalité vient de cette transformation même, due peut-être parfois au climat. Mais les musiques sud-américaines paraissent s'orienter entre trois pôles où dominent l'influence ibérique (qu'il faut de temps en temps élargir en influence européenne), l'influence indienne et l'influence nègre. Il nous a paru utile de les dégager. Entre ces extrêmes, bien des liens se tissent, qui donnent leur physionomie spéciale à ces musiques : métissage de musique incasique et de musique ibérique signalé par M. et Mme d'Harcourt au Pérou et dans les régions avoisinantes, fusion d'influence nègre et d'influence ibérique au Brésil comme le montre le présent recueil, etc.

La valeur de la musique populaire de bien des contrées de l'Amérique latine a été parfois niée dans ces pays mêmes. On la jugeait trop hâtivement sur des exemples rencontrés dans les grandes villes où souvent l'influence européenne (musique de café-concert et musique savante) avait tout déformé. Heureusement dans l'arrière pays, loin des grandes agglomérations, subsistent de précieuses et d'anciennes traditions pour lesquelles l'intérêt semble se réveiller. Nous espérons que la présente collection contribuera à les faire connaître.

II

La musique populaire brésilienne.

C'est grâce à Mme Elsie Houston-Péret, à Mlle Capote Valente, à M. Villa-Lobos que la musique populaire brésilienne nous a été révélée. Mme Houston-Péret se sert d'une voix très remarquable en lui conservant le timbre populaire si prenant; elle chante ainsi de nombreuses et souvent fort belles chansons qu'elle a notées en soulignant leurs moindres accents et sur lesquelles elle nous a donné de précieuses indications. Si, dans ce qui suit, on retrouve un essai d'orientation suivant une méthode qui nous est familière, la plupart des idées générales et la presque totalité des renseignements nous ont été fournis par Mme Houston-Péret à qui revient tout le mérite de ce qu'il peut y avoir d'intéressant dans ces pages et également la responsabilité de ce qu'elles contiennent.

Nous ne tenterons pas de dénombrer et de classer les divers genres de chansons et danses brésiliennes : ils sont trop nombreux, notre documentation est insuffisante et, de plus, il est toujours dangereux de vouloir classer des dénominations parfois un peu flottantes, dues à des traditions orales, dans un si vaste pays; bien souvent, elles n'ont de valeur que pour une aire géographique restreinte; elles varient suivant les régions et le même mot peut désigner, dans diverses contrées, des réalités toutes différentes. Nous nous bornerons donc à tenter de situer les chansons publiées ici entre les divers pôles dont nous avons parlé : pôle indien, pôle nègre, pôle ibérique.

Nous avons déjà indiqué les caractéristiques du groupe indien du Brésil. Nous donnons, en appendice (mélodies nᵒˢ 41 et 42), deux de ces chants, choisis parmi les rares exemples édités[1]. Mais cette musique semble former un monde à part, sans grande influence sur les chansons populaires brésiliennes du présent recueil. Le métissage de musique indienne et ibérique, si fréquent au Pérou et dans les contrées environnantes, paraît être, au Brésil, rare et assez peu sensible. Il est des cas cependant où certaines tendances des indiens du Brésil ou du Pérou à un art violent, à des répétitions, à une ample ligne mélodique, à de grands intervalles, semblent transparaître, mais si complètement assimilées qu'on ne peut en être certain. C'est peut-être à un métissage de musique nègre et indienne que nous devons *Papae Curumiassu* (Nᵒ 31) qu'il est difficile de classer dans un genre bien défini et un groupe de mélodies, sans doute le plus beau du recueil, (*Aribú, Arrazoar et les thèmes de Makumba*), tout proche encore de celui où l'apport nègre domine presque exclusivement.

C'est entre les deux autres pôles, le pôle nègre et le pôle ibérique, que se situent presque toutes les chansons que nous publions ici. Entre ces extrêmes, tous les intermédiaires, toutes les fusions se rencontrent. Ainsi s'explique l'ordre que nous avons adopté.

Partant de la musique où l'influence nègre est dominante (Nᵒ 1 à 9 compris), nous trouvons d'abord les *Emboladas*, ces mélodies roulées en boule comme leur nom l'indique (Nᵒ 1 à 6), au débit précipité et scandé et pourtant nonchalant et souple, presque gracieux. Ce sont des formes de *Côco*, danse du nord dont nous

---

1. Extraits de *Rondonia*, l'ouvrage de M. Roquette Pinto à qui nous adressons nos remerciements pour l'aimable autorisation qu'il nous a accordée de reproduire ces mélodies.

donnons un exemple (N° 7) suivi de deux chansons où l'ambiance nègre citée plus haut est très marquée: *Fólórólóló* (N° 8) avec son chromatisme caractéristique, *Tayêras* (N° 9), chanson religieuse nègre correspondant, au Brésil, à ce que sont, en Amérique du Nord, les Spirituals, avec sa syncope hanchée si spéciale qui l'apparente à des chants des Antilles ou de la Louisiane.

C'est ce même aspect que nous retrouvons dans les mélodies suivantes (N° 10 à 13), mais avec des caractères nouveaux : une grandeur inconnue ailleurs, parfois presque violente, de grands intervalles dans les parties amples, des arrêts très brusques, certaines répétitions obstinées. Ces tendances nouvelles proviennent-elles d'influences indiennes assimilées et presque entièrement recouvertes par l'apport nègre? C'est fort possible, mais le manque de recherches concernant la musique des indiens du Brésil empêche de rien affirmer. Quoi qu'il en soit, nous avons là peut-être ce que le Brésil offre de plus original et de plus puissant : deux thèmes de *Makumba* d'une ligne ample (N° 10 et 11), deux mélodies surtout (N° 12 et 13), *Arrazoar* et *Aribú*, aux curieux rythmes à la fois déhanchés et fermes, avec arrêts très brusques. *Aribú*, qui paraît être le chef d'œuvre du recueil, présente l'alternance, si fréquente et caractéristique au Brésil, de parties amples, déclamées et liées et de parties rapides, détachées et presque parlées parfois. Ces dernières, proches des *Emboladas*, sont sans doute dues à une influence nègre particulièrement marquée.

Il semble, en simplifiant à l'extrême, que les rythmes les plus vifs sont les plus nègres et qu'en passant par certains rythmes également nègres mais amples et fermes, on gagne peu à peu les rythmes lents où s'affirment de plus en plus l'influence ibérique et l'aspect sud-américain défini plus haut.

Les rythmes intermédiaires sont les *Lundus*, (N° 14 à 16), chansons dansées au mouvement un peu vif et habituellement syncopé,

aux paroles généralement mordantes et les *défis* (N° 17 à 20), sorte de tournois chantés, où se retrouve l'alternance d'une partie lente et liée (le refrain), souvent déjà langoureuse, étirée, répondant à l'ambiance que nous avons nommée sud-américaine, et d'une partie en défi plus rapide, parfois moins chantée que parlée.

Cette ambiance sud-américaine, fortement ibérisée, très originale pourtant, trouve sa réalisation la plus complète au Brésil dans les *Modinhas* (N° 21 à 30) où l'influence nègre demeure parfois, mais très assimilée et en partie recouverte. Les *Modhinas*, assez marquées par l'influence des salons, ont cependant une aire de dispersion considérable et sont chantées dans tous les milieux et dans toute les régions du Brésil. Romances langoureuses, chansons d'amour, sérénades mélancoliques, les plus intéressantes répondent à l'ambiance sud-américaine; au-delà une influence du Bel Canto, qui semble transparaître déjà sous la forme ampoulée de certaines *modhinas de Rio* (N° 24), aboutit au banal et à l'emphatique. Ces caractères, frôlés dans les parties lentes des deux *modhinas de Minas gerai* (N° 27 et 28), s'épanouissent, semble-t-il, dans les deux dernières *modhinas* que nous publions (N° 29 et 30) comme exemples d'un grand nombre de chants de ce style et en faisant les plus expresses réserves sur leur valeur.

Nous plaçons ensuite, en marge de cette ligne unissant le pôle nègre au pôle ibérique, deux berceuses, des chansons enfantines et deux thèmes incomplets. Nous avons parlé plus haut d'une des berceuses (N° 31) où l'influence indienne transparait peut-être; l'autre (N° 32), populaire dans tout le Brésil, nous achemine vers les chansons d'enfants (N° 33 à 38), où nous trouvons une carrure analogue, carrure d'influence européenne, peut-être même française, unie d'ailleurs à un aspect très brésilien et fort original. Deux thèmes incomplets (N° 39 et 40) suivis en appendice des deux chants indiens (N° 41 et 42) terminent l'ouvrage.

Nous espérons, dans un second recueil de musique populaire brésilienne, publier de plus nombreux exemples de danses, notamment de *Maxixes*, danse née dans la seconde moitié du XIXe siècle dans les clubs de carnaval et qui a oscillé entre les faubourgs et les salons. Adoptée par la mode, elle a évolué et évolue encore très rapidement, son rythme surtout se modifiant. Nous pensons également donner des précisions sur les instruments de musique spéciaux au Brésil et sur certaines combinaisons orchestrales tel que le *Chôro*, improvisation à plusieurs instruments sur un thème donné, etc. Indiquons dès à présent l'importance des instruments à sons indéterminés, de ceux qui produisent des bruits : peau tendue et frappée (*Caxambú*), peau tendue et tirée à l'aide d'une ficelle produisant des grognements sourds (*Puita*), frottement d'une baguette contre un bois portant une série d'encoches, sorte de crécelle au rythme exact (*Reco reco*), sonnailles composées d'une enveloppe contenant des grains, secouée en mesure (*Xucalho*), etc.

PHILIPPE STERN.

LISTE DES MÉLODIES ET INDICATIONS PARTICULIÈRES LES CONCERNANT

EMBOLADAS *(N. 1 A 6). Chansons « roulées en boule », composées surtout d'onomatopées, dont le rythme est le rythme de Côco (danse du nord du Brésil) mais qui, à l'origine, n'étaient pas des chansons dansées. L'influence nègre est dominante : rythme précipité aux notes détachées, revenant sur lui-même avec nonchalance et souplesse; syncopes et arrêts brusques; intervalles réduits. Cette forme paraît ancienne. On rencontre surtout ces mélodies dans l'intérieur de l'État de Pernambuco. Vivants et mordants, les vers dont elles sont composées ont la forme de quatrains.*

1 à 3. O Bambo do bambú (État de Pernambuco).

> Il en existe plusieurs versions; l'une est chantée par Donga, chanteur et compositeur nègre, avec un titre un peu différent. Divers chanteurs populaires prétendent en être les auteurs.

4. Bambalelê (État de Pernambuco). Chanté par M. Olegario Marianno.

5. O tres, pêga (Intérieur de l'État de Pernambuco, près de l'État de Parahyba do Norte). Chanté par Zé do Bambo, chanteur populaire.

6. Côco dendê, trapiá (État de Parahyba do Norte). Chanté par une petite fille.

> Cette chanson, à la fois chanson d'enfant et embolada, a été placée dans ce dernier groupe afin de réunir ces mélodies si particulières.

> Pour sentir l'aspect original et un peu lancinant de ce court thème, on doit l'imaginer répété inlassablement d'une voix enfantine, aiguë et un peu nasalisante, qui détonne en baissant légèrement aux endroits indiqués.

7. Espingarda pá. Chanté par Sebastião Cyrino, musicien et compositeur populaire. *Côco.*

C'est un Côco du nord du Brésil, dansé au rythme très vif, assez analogue à la Samba du sud (ne pas confondre avec la Zamba argentine) et également proche du Lundu dansé d'où est née la Maxixe. Nous retrouvons l'usage d'onomatopées. Les Côcos sont souvent accompagnés de sifflements prolongés.

8. FOTÓRÓTÓTÓ (Provient d'une région près des limites des États de Minas Geraes et de Bahia). Chanté par une ouvrière d'usine à Montes Claros, recueilli par Mary Houston. *Chula de Bahia.*

Le terme Chula est espagnol mais désigne, en Espagne, un genre tout différent. Au Brésil, il s'agit de chansons non dansées mais que le chanteur rythme avec le corps et qu'accompagnent des battements de mains et des coups de tam tam (caxambu). L'influence nègre domine : on remarquera le chromatisme si caractéristique (qui se retrouve atténué dans les Emboladas) et la ligne mélodique très soutenue et très liée, à la fois vive et langoureuse, syncopée et allongée avec nonchalance.

9. TAYÈRAS. *Chula de Bahia.*

C'est un chant nègre des fêtes du Congado, fêtes religieuses (d'après la tradition originaire du Congo), où les aspects chrétien et païen se mêlent. Trois femmes, vêtues de blanc, qui portent ce nom de Tayêras, chantent le thème transcrit, chaque femme un couplet et les trois ensemble le refrain. La mélodie est probablement ancienne; elle répond, au Brésil, à ce que sont, en Amérique du Nord, les *Spirituals.* L'influence nègre est toujours dominante; les caractéristiques musicales sont les mêmes que celles de la chanson précédente: l'allure syncopée est très marquée et une parenté avec les chants des Antilles et de la Louisiane paraît se dégager.

THÈMES DE MAKUMBA. (N. 10-11). *La Makumba est une importante cérémonie religieuse nègre, cérémonie secrète, réservée aux initiés. La plus grande a lieu le jour de sainte Anne. Chaque année, un roi de la Makumba est sacré, qui va chez les uns et chez les autres, partout reçu avec honneur.*

10. ESTRELLA DO CÉO. Chanté par une jeune chanteuse du Pará.

11. XANGÔ. Chanté par une cuisinière nègre de Rio. Thème d'invocation. Mots africains.

La ligne des deux derniers chants est ample, avec d'assez grands intervalles. Nous sommes en présence d'un aspect nouveau de la musique populaire brésilienne dont l'origine est difficile à préciser.

12. ARRAZOAR (Nord du Brésil). *Tyrana.*

La Tyrana est un genre assez mal défini. Arrazoar signifie « échanger des raisons » et se rattache ainsi au genre des défis que nous rencontrerons plus loin. Mais, musicalement, Arrazoar forme avec Aribú et les thèmes de Makumba le groupe le plus original sans doute des chants que nous publions. L'influence nègre reste dominante (syncope nonchalante, mouvement précipité à notes répétées, chant tendant parfois vers la parole, mais une fermeté de ligne se rencontre, avec des arrêts très brusques, des répétitions et, de temps à autres, de grands intervalles qui donnent aux mélodies une grandeur, une amplitude nouvelle.

Arrazoar, chanté par Mme Houston-Péret, a un aspect très spécial. Pour l'indiquer, certaines parties, très nettement baissées, détonnant par rapport à un accompagnement, sont notées avec des bémols et des dièzes descendant et montant de moins d'un demi-ton. En enlevant ces bémols, en rétablissant les dièzes normaux, on retrouverait la hauteur habituelle de la mélodie, mais cette manière de détonner fortement, souligne le caractère du chant, mélange de nonchalance et de mordant. Le mordant est accentué encore par les silences sur les temps forts précédés d'arrêts brusques, de notes coupées brutalement, détail d'exécution que nous avons voulu signaler en surmontant ces silences du signe « bouche fermée ».

13. ARIBÚ. Chanté par la chanteuse populaire Alda Garrido.

Mêmes caractéristiques que la mélodie précédente. De plus, apparaît l'alternance entre des parties liées, très chantées, ici amples et d'une étonnante sûreté de ligne, et des parties plus vives, souvent presque parlées, au débit précipité, où l'influence nègre est particulièrement marquée et qui se rattachent au style des Emboladas. Cette alternance, qui constitue un des traits les plus originaux de la musique populaire brésilienne, se rencontrera plus loin assez fréquemment.

L'origine des mélodies chantées par les « cantadores », chanteurs populaires, qui vont de villes en villes, est parfois difficile à connaître. Aribú est une chanson comique très particulière avec son étonnante chute ironique, et son rythme à la fois déhanché et net qui semble évoquer la gaucherie du corbeau.

LUNDUS. (N. 14 à 16). *Les Lundus sont des chansons comiques. L'unité de ce genre tient autant aux paroles qu'à la musique qui parfois est un peu sacrifice. Les Lundus sont chantés et dansés; leur rythme est proche de celui de la Maxixe. L'influence nègre subsiste mais moins marquée que dans les mélodies précédentes.*

14. MEU BARCO É VELEIRO (État de Sergipe). Chanté par M. Heckel Tavares, compositeur.

15. YAYÁ, VOCÊ QUER MORRER. Composition de Xisto Bahia, musicien populaire.

16. BEMTEVI. Chanté par un artiste « caipira ». Henrique Chaves.

CANTIGAS DE DESAFIO (N. 17 A 20). *Les défis forment un genre très usité au Brésil comme d'ailleurs en Argentine et au Chili. Ce sont des chants alternés : chaque chanteur, tour à tour, répète la mélodie, improvisant des paroles sur un thème musical donné qui forme le corps de la chanson et reprenant le refrain dont le texte demeure toujours identique. Ainsi a lieu une joute d'énigmes posées et parfois résolues, de surenchère vers l'extraordinaire et l'extravagant jusqu'à ce qu'un des lutteurs, interdit, se déclare vaincu en se taisant ou demeure trop longtemps avant d'improviser sa réponse.*

Au point de vue musical, avec les Lundus, les Défis forment transition entre les genres vifs où domine l'influence nègre et la lente Modhina.

17. TOCA A CANTÁ. Thème musical chanté souvent à Rio et qui paraît assez ancien.

18. PUXA O MELÃO SABIÁ (État de Pernambuco ou d'Alagoas). Chanté par une mulâtresse d'Alagoas : Maria Amelia.

Thème très connu, servant toujours aux défis, qui présente, à son début, une assez curieuse ressemblance avec un thème argentin chanté par Mᵐᵉ de Cabrera « El Sombrerito ».

19. PASSARINHO VERDE (État de Ceará). Chanté par le chanteur populaire Ze do Bambo.

Ce thème, très connu, présente de nombreuses variantes mais le texte du refrain demeure toujours identique. C'est un exemple typique de l'alternance signalée entre un refrain lent et lié et un couplet d'une diction plus précipitée et scandée.

20. PASSARINHO VERDE (2ᵉ version). (État de Pernambuco).

MODHINAS. (N. 21 A 30). *La modhina est peut-être le genre musical le plus connu au Brésil. Avec ces mélodies nous quittons momentanément la pure tradition populaire : elles ont été surtout en vogue dans les salons et c'est là souvent qu'elles ont pris naissance; mais on ignore fréquemment le nom de leurs auteurs et la tradition orale les a transportées dans tous les milieux. Elles forment ainsi une transition entre la musique des compositeurs et les chansons purement populaires.*

La Modhina nous éloigne de l'influence nègre qui transparaît cependant mais assimilée; c'est l'influence ibérique qui domine, mêlée parfois, hélas, à celle du Bel Canto. En ajoutant peut-être l'influence du climat et d'une lente évolution au Brésil nous parvenons à cet aspect spécial, sud-américain, que nous avons tenté de définir au début de cette introduction : troublante langueur syncopée et étirée qui demeure cependant enfermée dans un rythme assez strict.

Les modhinas sont des chants d'amour, des sérénades d'un sentiment exalté, mélancolique et souvent nostalgique, sentiment qui, plus encore que la musique, donne une unité à ce groupe. Ici, plus rien du mordant, de l'ironie de certaines Emboladas, d'Arrazoar et d'Aribú, des Lundus et des Défis.

Des Modhinas se sont répandues à travers tout le Brésil; d'autres sont plus particulières à la région du nord, à celle du sud ou à celle de Rio (ces dernières, dites « carioca », ont un style qui n'est pas sans prétention, recherche et préciosité); ces différences sont d'ailleurs légères et parfois difficilement perceptibles.

21. Cabocla bonita (Chanson très répandue dans la région de Rio, de Sâo Paulo et dans le sud du Brésil).

   Intermédiaire entre le Défi et la Modhina, ce thème, assez court, dont nous ne connaissons aucune variante, est caractéristique de l'aspect sud-américain syncopé et pourtant gracieux et mesuré.

22. Cordão de prata é sucena. Mélodie chantée par M. Jayme Ovalle qui croit qu'elle provient d'un thème de Makumba. Elle est connue dans la plupart des régions du Brésil.

23. A casinha pequenina. Cette chanson, une des plus populaires du Brésil, se retrouve dans toutes les régions avec des variantes insignifiantes.

24. Foi n'uma noite calmosa. Chanté par des mulâtres dans les rues de Rio. Mélodie très connue, caractéristique du style « carioca » (de Rio) facilement prétentieux et recherché, caractéristique également de cet allongement langoureux, souvent signalé. Une influence du Bel Canto semble transparaître.

25. VAMOS, MARUCA, VAMOS. Modhina assez répandue dans la région de Rio
dont elle est probablement originaire.

26. MULATA, SE FÔRES AO RECIFE. Recueillie près de la frontière de l'État
d'Alagoas et de l'État de Pernambuco. Style du nord.

*La Modhina présente également un aspect banal et redondant qui nous a
semblé devoir être représenté: il apparaît parfois dans les chants qui
suivent sans encore s'affirmer totalement (N. 27 et 28), tempéré par
l'alternance des parties lentes où il émerge et des parties vives où l'influence nègre reparaît; il est particulièrement marqué dans les deux
dernières Modhinas (N. 29 et 30) que nous donnons comme exemple
d'un assez grand nombre, hélas, de chants de ce style.*

27. AI QUE CORAÇÃO (Modhina de Montes Claros, État de Minas Geraes près des
frontières de l'État de Bahia). Mélodie recueillie par Mary Houston.

28. A PERDIZ PIOU NO CAMPO. Mêmes indications que la mélodie précédente.

29. SUSPIRA, CORAÇÃO TRISTE! (État de Paraná).

30. MORENA, MORENA (État de Paraná). Modhina très célèbre, déjà souvent
publiée, notamment par Friendenthal.

31. PAPAE CURUMIASSÚ (État de Pará, nord du Brésil). Chanté par des jeunes
filles. Berceuse, chanson de hamac.

Influence nègre peut-être métissée d'influence indienne; difficile à
rattacher à un groupe déterminé; curieuse terminaison par une phrase
presque parlée.

32. TUTÚ MARAMBÁ. Berceuse très connue qui se chante dans tout le Brésil
et ne paraît rentrer dans aucun cadre; par sa carrure elle se rapproche
des chansons d'enfant qui suivent.

Le texte varie suivant les régions mais la musique demeure la même :
deux airs différents et des variations en mineur qui sont souvent juxta-
posés comme dans la transcription publiée.

On remarquera (11e mesure), en mouvement descendant, par suite de
l'attirance vers le bas de l'avant-dernière note, le tétracorde inférieur
de la gamme dite chromatique orientale, fréquent en Orient et extrêmement rare au Brésil (ton et demi entre deux demi-tons).

CHANSONS D'ENFANTS (N. 33 A 38). *Les chansons d'enfants sont nombreuses au Brésil. Beaucoup ont cette simplicité, cette carrure surtout
qu'ont les chansons d'enfants en Europe, et particulièrement en France.
Une influence française a d'ailleurs pu s'exercer par l'intermédiaire de*

*colons ou de marchands. Certaines de ces chansons présentent seulement
cette carrure et sont assez pauvres; d'autres, et c'est à ce groupe qu'appartiennent celles que nous publions, unissent à cette carrure des
inflexions plus originales et plus brésiliennes. La première est particulièrement intéressante.*

33. Sabiá da matta (État de Parahyba do Norte).

34. O cravo brigou com a rosa.

35. Therezinha de Jesus.

36. Vamos, maninha, vamos.

37. Dona Rosa é baixinha.

38. Eu fui no Tóróró.

THÈMES INCOMPLETS. *Nous donnons deux thèmes incomplets tels qu'on
les entend chantés par des hommes du peuple s'accompagnant sur leur
« violão », thèmes qu'ils répètent avec une monotonie prenante qui rappelle l'Orient.*

39. Gavião penerou.

40. Com as azinhas para cima.

CHANTS INDIENS (N. 41-42). *M*me *Houston-Pérel n'ayant pu recueillir
de mélodies indiennes, pour que cet aspect si spécial de la musique brésilienne soit représenté dans le présent recueil, nous publions, avec l'aimable autorisation de M. Roquette Pinto, que nous remercions très
vivement, deux chants des indiens parecis extraits de son livre :* Rondonia
(Phonogrammes 14594 /5 et 14597).

*On y trouvera les caractères décrits dans l'introduction : mélodie sur quelques degrés, revenant avec insistance sur une note centrale répétée. On
verra que cet aspect s'oppose au style langoureux et souple si souvent
rencontré.*

41. Chant indien (d'après Roquette Pinto : Rondonia).

42.   —   —   —   —   —

1. O BAMBO DO BAMBÚ

EMBOLADA

BAMBO(1) DU BAMBOU

REFRAIN

Vois le bambo du bambou, bambou,
Vois le bambo du bambou, bamboubombê,
J'ai vu le bambo rouler en boule par terre,
J'ai vu aussi la lueur
Que le bambou a faite en tombant à la mer.

Le chemin de fer, venant de Pernambouc,
Passe par le Nord du Pará en faisant fouc-fouc.
J'ai vu le serpent qui m'a mordu à la jambe,
Vois-le enroulé, là, au fond du jardinet.

(Refrain)

2. O BAMBO DO BAMBÚ
2ᵉ VERSION

EMBOLADA

(1) Onomatopée provenant du mot bambou et tendant à signifier un manque de stabilité *(adj. masc.)*

3. O BAMBO DO BAMBÚ

3ª VERSION

EMBOLADA

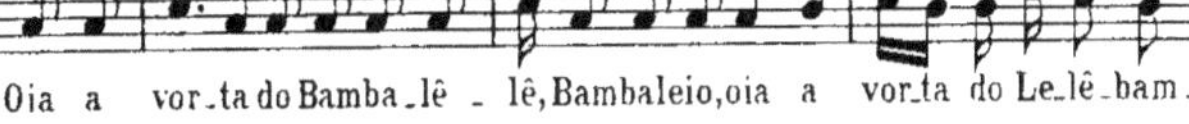

4. BAMBALELÊ

EMBOLADA DE PERNAMBUCO

BAMBALELÊ (1)

REFRAIN

Vois le tour du bambalelê, bambaleio,
Vois le tour du lelébamba.   } bis

Je suis monté au sommet de la montagne.
Quand je me vis là-haut, je me mis à songer.
J'ai tant songé qu'au lever du jour
Mes larmes coulaient jusqu'à la mer.
(Refrain)

C'était un soir de fête.
J'ai donné une chiquenaude à Jérémie.
Il a valsé, il a polké,
Il a dansé autant que j'ai voulu.
(Refrain)

---

(1) Onomatopée provenant du mot bamba *(adj. fém.)* tendant à exprimer un manque de stabilité.

5_ Ô, TRES PÊGA

OH ! TROIS PIES

REFRAIN

Oh ! trois pies, repepêga, pelelêga,[1]
J'ai pris une pie,

1) Onomatopées provenant du mot *péga* (pie).

---

6. CÔCO DENDÊ, TRAPIÁ

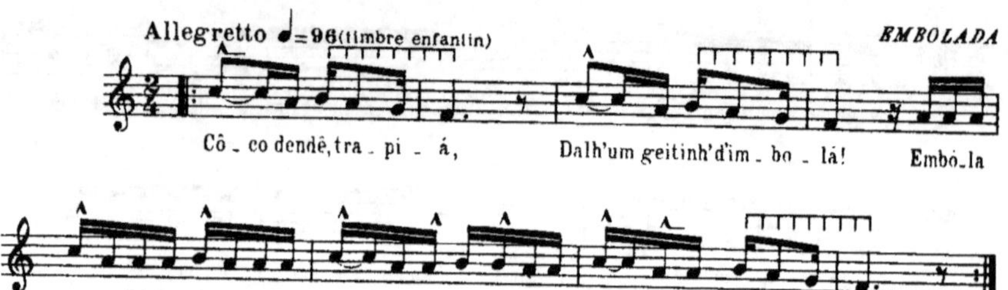

CÔCO DENDÊ, TRAPIÁ [2]

---

7. ESPINGARDA PÁ, PÁ, PÁ

---

1) Capitale de l'Etat d'Alagôas.
2) Différentes sortes de noix de coco du nord du Brésil.

Po _ ço, be _ be _ dô de ja _ ra _ guá, Palmei _ ra sec _ ca d'ou _ tro la _ do da la _
_ gô _ a que a gen _ te vae de ca _ nô _ a pra po _ dè a _ tra _ ves _ sá, Es _ pin _ gar _ da
pá, pá, pá, ___ Fa _ ca de pon _ ta tá, tá, tá, tá ___ Es _ pin _ gar _ da
pá, pá, pá, pá ___ Fa _ ca _ de pon _ ta tá, tá, tá, tá ___ Es _ pin _ gar _ da
pá; pá, pá ___ Fa _ ca de pon _ ta tá, tá, tá, á ___ que desgra _
_ cei _ ra fi _ zé _ ro a _ quel _ la ca _ na _ ia e o po _ vo d'A _ ta _ la _ ia me cha _ ma _ ro pra sam _
_ bá, nê _ go do bom _ bo quan _ do foi to _ can _ do mar _ cha, nê _ go da
cai _ xa não acer _ ta _ va o car _ ca _ nhá, A cai _ xa vei _ a ti _ nha mais de mi _ le
rom _ bo, eo nê _ go do bom _ bo ti _ nha pé de cha _ po _ á, Es _ pin _ gar _ da

FUSIL, PA ! PA ! PA !

REFRAIN

Fusil, pa ! pa ! pa !
Couteau pointu, ta ! ta ! ta ! ta !

Caïman, grand pont, haute montagne,
Olelê, seu Mané Poço,[1] *buveur de paragua*[2]
Palmier desséché, de l'autre côté de l'étang
Qu'on traverse en canot.

(Refrain)

Quels ennuis m'a causé toute cette canaille.
Les gens d'Atalaia m'ont appelé pour danser la samba !
Pendant qu'un nègre battait la marche sur son bombo,[3]
Celui de la grosse caisse ratait la pédale.
La vieille grosse caisse avait plus de mille trous,
Et le nègre du bombo[3] *avait les pieds plats.*

(Refrain)

8_ FÓTÓRÓTÓTÓ

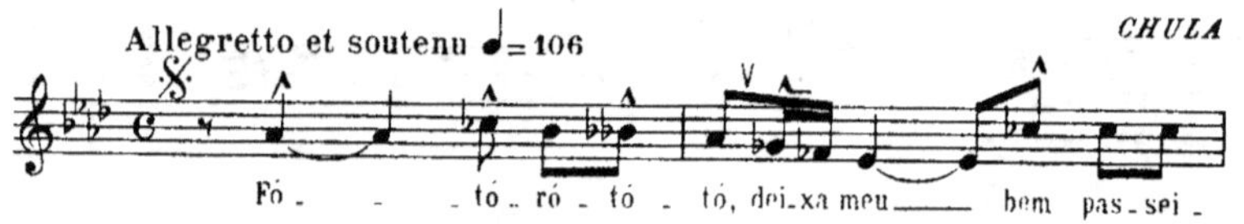

1) Surnom d'un personnage.
2) Boisson.
3) Sorte de tambour.

FÓTÓRÓTÓTÓ [1]

Fótórótótó, laisse se promener mon chéri
Sur cette terre de Bahia ou chante le sabiá. [2]

9 _ TAYÊRAS

CHULA

1) **Exclamation** intraduisible provenant probablement de la déformation de *Fontoura' tà lá* (Fontoura est là). — Fontoura fut un préfet de police de l'Etat de Bahia.
2) Le rossignol du Brésil, sorte de merle.

Meu São Benedicto
Venho elle pedi   } *bis*

Pelo amor de Deus
Pra tocá cucumby   } *bis*

Indéréré, Ai! Jésus de Nazareth!
Indéréré, Ai! Jésus de Nazareth!

TAYERAS

Vierge du Rosaire, dame du monde (bis)
Donne-moi une noix de coco d'eau } (bis)
Sinon je vais me noyer.

  Inderere, [1] *oh ! Jésus de Nazareth !* (bis)

Mon Saint Benoit est le saint des nègres, (bis)
Il boit la garapa [2] *et il ronronne.* (bis)

Mon Saint Benoit, je viens vous prier, (bis)
Pour l'amour de Dieu, de jouer du cucumby. [3] (bis)

---

1) Exclamation intraduisible.
2) Boisson faite avec du suc de canne.
3) Instrument indigène à percussion.

10. ESTRELLA DO CÉO

ÉTOILE DU CIEL

L'étoile du ciel est le croissant incrusté d'or, Makumbebé, } *(bis)*
Vois, Makumbebé, vois Makumbaribà.[1]

11. XANGÔ [2]

1) *Makumbebé* et *Makumbaribà* sont des mots dérivés de *Makumba,* cérémonie religieuse importée d'Afrique par les anciens esclaves.

2) *Xangô* est une invocation dans un idiome d'Afrique à *Xangô,* une des divinités de la Makumba.

12. ARRAZOAR

TYRANA

ARRAZOAR

REFRAIN

Oh ! voisine, oh ! ma dame,
Garde-moi quelque chose de bon,
Quelque chose de très bon
Et qui ne me fasse pas de mal.

Je suis un oiseau noir, je suis l'azulão,[1]
Sous l'eau je suis un plongeon,
Je suis curé, je suis sacristain,
Je monte en chaire et fais un sermon.
                    (Refrain)

Je suis du fil fin de bobine,
On me taquine parce qu'on le veut,
Je renie le sort de l'homme,
On m'a frappée, j'ai pleuré parce que j'aimais.
                    (Refrain)

1) Oiseau du Brésil, à plumage bleu-noir.

13. ARIBÚ

LUNDU CHANTÉ

Moderato (avec esprit) ♩=66
A _ ri _ bú quando nas _ ceu, A _ ri _ bu quando nas _
ceu, _ bran_qui_nho co _ mo pa _ pé, ai bran_qui_nho co _ mo pa _
pé, Foi a _ bri as su _ as a _ zas, Foi a _ bri as su _ as a _ zas _ nas mat _
tas de São Jo _ sé, Ai nas mat _ tas de São Jo _ sé Eh! Pa_ty, Pa_
_ty, Eh! _ Pa_ty, Pa _ tão, Eh! _ Pa_la_ca _ hy, eu _ ca_hi_no chão, Ó minha
né _ ga, mi _ nha pom_bin _ ha d'ar _ roz! Que dê os o _ vos que a gal_li_nha
poz? El_les e _ ram tres, eu _ só ve_jo dous! Eu vim de ca _ sa _ só
pen _ san _ do em tú; a _ vo _ an_do pe _ los a _ res que nem a _ ri _

bu, a _ ri _ bú, a _ ri _ bú, a _ ri _ bú, a _ ri _ bu, a _ ri _ bu, a _ ri _
_ bú, a _ ri _ bú, a _ ri _ bú... Quem sa _ be can _ tá não can _ ta, Quem sa _
_ be can _ tá, não can _ ta ai, quem não sa _ be qué can _ tá ai ___ quem não
sa _ be qué can _ tá! eh! Pa _ pae, Ma _ mãe, Eh! cri _ an _ ça
nua! El _ le qué ca _ mi _ za é ___ de ganga azul! Ó mi _ nha nê _ ga, mi _ nha

pom _ bi _ nha de arroz, Que dê os o _ vos que a gal _ li _ nha poz? El _ les e _ ram
tres, eu _ só ve _ jo dous! Eu vim de ca _ sa ___ só pen _ san _ do em
tú a _ vo _ an _ do pe _ los a _ res que nem a _ ri _ bú, a _ ri _ bú, a _ ri _
_ bú, a _ ri _ bú, a _ ri _ bú, a _ ri _ bú, a _ ri _ bú, a _ ri _ bú, a _ ri _ bú.

LE CORBEAU

———

Le corbeau, quand il est né, (bis)
Tout blanc comme du papier,
Oh ! tout blanc comme du papier !
Est allé ouvrir ses ailes, (bis)
Dans les forêts de St-Joseph,
Oh ! dans les forêts de St-Joseph !
Eh ! paty-paty ! Eh ! paty-palão !
Eh ! palacahy ! je suis tombé par terre.

REFRAIN

Oh ! ma chérie, ma colombe de riz !
Où sont les œufs que la poule a pondus,
Il y en avait trois, je n'en vois que deux !
Je suis venu de la maison en ne pensant qu'à toi,
En volant dans les airs comme un corbeau.

Corbeau, corbeau, corbeau, corbeau,
Corbeau, corbeau, corbeau, corbeau !

Ceux qui savent chanter ⎫
Ne le veulent pas, ⎭ (bis)
Oh ! ceux qui ne le savent pas ⎫ (bis)
Veulent le faire. ⎭

Eh ! papa, maman. Eh ! l'enfant nu !
Il veut une chemise, mais de nankin bleu.
        (Refrain)

———

14. MEU BARCO É VELEIRO

MON BATEAU EST UN VOILIER

REFRAIN

Mon bateau est un voilier
Des vagues de la mer.

Que Notre-Dame ne me donne plus
Que trois mois de vie,
Si je n'ai pas vu dame Minigida
Chatouiller le sacristain, ohé !
                  (Refrain)

Il y a deux jours
J'ai vu une chose extraordinaire.
La poule du vicaire
Mâchant un ver de terre, ohé !
                  (Refrain)

---

15. YAYÁ, VOCÊ QUER MORRER

LUNDÚ

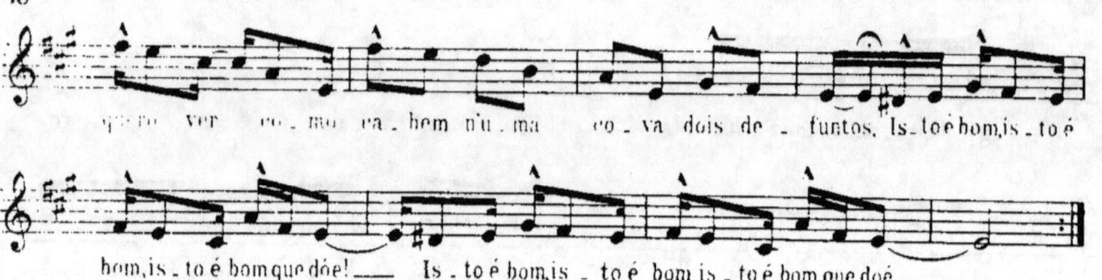

A saia de Carolina
Me custou cinco mil reis.
Arrasta mulata a saia
Qu'eu dou mais cinco e são dez.

Isto é bom,isto é bom,*etc...*

Mulata,levanta a saia,
Nao deixa a renda arrastá.
Que a saia custa dinheiro,
Dinheiro custa a ganhá.

Isto é bom,isto é bom ...

YAYA,[1] TU VEUX MOURIR

Yaya, tu veux mourir,
Quand tu mourras, mourrons ensemble,
Car je veux voir comment deux corps
Peuvent tenir dans une seule tombe.

REFRAIN

Ça, c'est bon ; ça, c'est bon ; ça, c'est bon !
C'est si bon que ça fait mal !

La jupe de Caroline
M'a coûté cinq mil reis,
Traine ta jupe, mulatresse,
Je t'en donnerai cinq autres et ça t'en fera dix.
(Refrain)

Mulatresse, relève ta jupe,
N'en laisse pas trainer la dentelle.
La dentelle coûte cher,
L'argent est dur à gagner.
(Refrain)

() Surnom féminin très populaire au Brésil

16. BEMTEVI

LUNDU

BEMTEVI[1]

Bemtevi battit des ailes   } (bis)
Et sur une branche se posa.
Un enfant terrible   } (bis)
Lui jeta une pierre et le tua.
Je m'en vais vendredi prochain. (bis)
Je marcherai bien vite   } (bis)
Pour ne pas te dire adieu, mon chéri.

[1] *Bem te vi* : je t'ai bien vu. Nom d'un oiseau du Brésil dont le cri ressemble à cette phrase.

17. TÓCA A CANTÁ

CANTIGA DE DESAFIO

COMMENCE A CHANTER

REFRAIN

Commence à chanter, vas-y, } (bis)
Pendant que gémit la guitare.

La femme et la poule
Sont deux animaux intéressés ;
Pour la poule c'est le grain,
Pour la femme c'est l'argent.

(Refrain)

18. PUXA O MELÃO SABIÁ

CANTIGA DE DESAFIO

Estrellinha pequenina
Correndo de norte a sul
E como sapato branco
Embaixo de saia azul

REFRAIN
Puxa o melão, sabia, *etc...*

PRENDS LE MELON. SABIÁ

Là-bas vole un héron, }
Une chaine à la patte. } (bis)
Mon cœur est à toi,
Le tien je ne sais à qui il est.

REFRAIN

Prends le melon, sabiá,
Sous l'oranger, sabiá,
La mulatresse est bonne, sabiá,
Mais ne se laisse pas prendre, sabiá,
Elle est bonne, elle est bonne, sabiá,
Mais ne se laisse pas prendre, sabiá !

La toute petite étoile
Qui court du Nord au Sud
Est comme un soulier blanc
Sous une jupe bleue.
(Refrain)

Ne crois pas aux femmes,
Pas même quand elles donnent.
Les yeux fermés,
Leurs cils battent.
(Refrain)

Je n'ai pas peur de l'homme
Ni du tapage qu'il fait.
Le hanneton fait beaucoup de bruit,
Lorsqu'on va voir, il n'y a personne.
(Refrain)

---

19. PASSARINHO VERDE

LE PETIT OISEAU VERT

REFRAIN

*Le petit oiseau vert
Est de la haute mer.
Ce sont ses caresses
Qui me font languir.*

*Le chemin de fer venant de Pernambouc
Passe par le Nord du Pará en faisant fouc-fouc !*

20 _ PASSARINHO VERDE
2ᵉ VERSION

CANTIGA DE DESAFIO

21. CABOCLA BONITA

MODINHA DO SUL
CHANTÉE EN DÉFI

Moderato ♩ = 72

JOLIE CABOCLA [1]

Quand tu danses à la samba, [2] mon amour } (bis)
Tu ressembles à un petit colibri
Qui va de branche en branche, mon amour,
A la recherche de son nid.
Oh! Cabocla jolie, donne-moi un petit baiser! (bis)

22. CORDÃO DE PRATA É SUCENA

MODINHA

CORDON D'ARGENT EST "SUCENA" (1)

Cordon d'argent est " sucena "
Mulatresse prune est brune.
De te laisser, ça me fait de la peine, } (bis)
De te prendre, j'ai peur.

23_ A CASINHA PEQUENINA

MODINHA

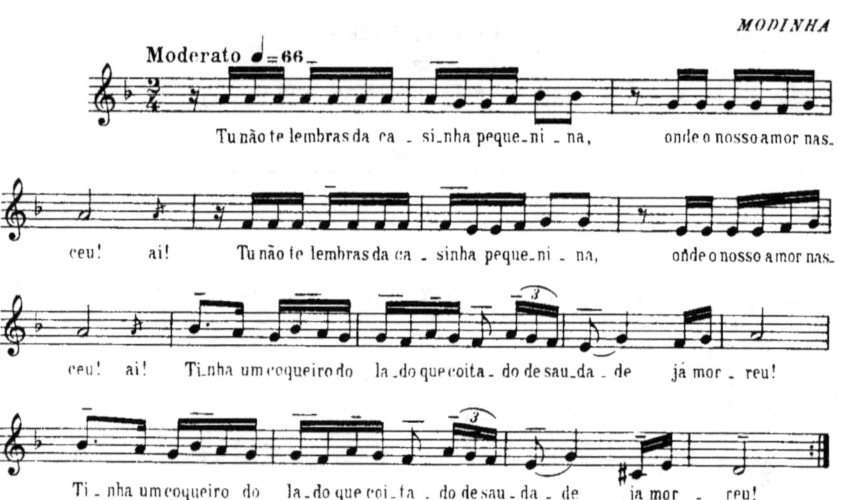

1) De *açucena*, fleur du Brésil, sorte de narcisse.

LA TOUTE PETITE MAISON

Te souviens-tu de la toute petite maison } (bis)
Où notre amour est né ?
Près d'elle il y avait un cocotier } (bis)
Qui est déjà mort de regret.

Te souviens-tu des serments, ô parjure, } (bis)
Que tu fis avec tant de ferveur ?
De ce baiser infini } (bis)
Qui a scellé notre amour ?

FOI N'UMA NOITE CALMOSA

MODINHA CARIOCA

CE FUT PAR UNE NUIT CALME

Ce fut par une nuit calme
Que je te vis, adorable femme,
Et t'aimai !

Et je fus enivré
Par le sourire parfumé } (bis)
Que je cueillis.

Chancelant par moments
Vers toi je me suis dirigé
Seulement.

C'est alors que j'entendis } (bis)
Point d'amour sans souffrance !
Et j'ai souffert !

Revenant à la réalité,
Que de tortures, de regrets
J'éprouvai !

Car la femme qui m'a aimé,
Jamais plus à moi n'a pensé, } *(bis)*
Et j'ai pleuré !

---

25. VAMOS, MARUCA, VAMOS !

MODINHA

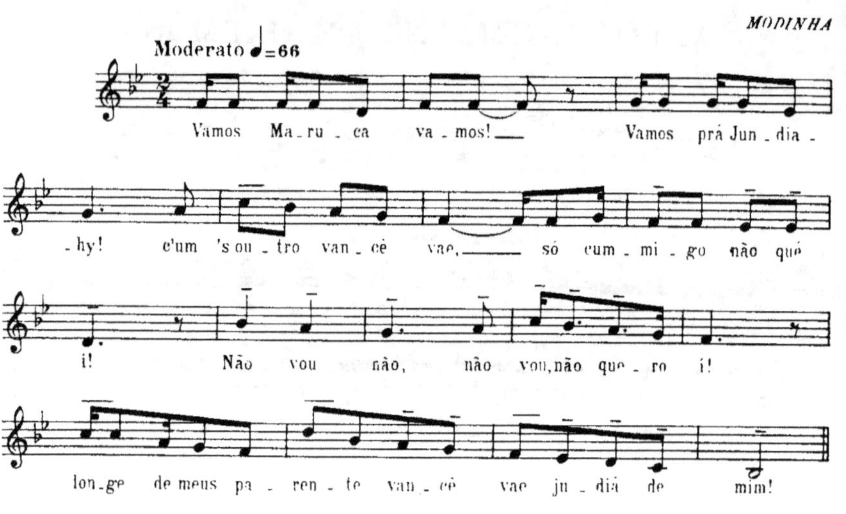

ALLONS, MARUCA,[1] ALLONS

Allons, Maruca, allons,
Allons à Jundiahy.[2]
Avec les autres tu y vas,
Mais avec moi tu ne le veux pas.

Non, non, non, je n'irai pas,
Je ne veux pas.
Loin de mes parents
Tu me feras souffrir.

---

[1] Diminutif de Marie.
[2] Petite ville de l'état de Rio.

26. MULATA, SE FÔRES AO RECIFE

MULATRESSE, SI TU VAS A RECIFE [1]

Mulatresse, si tu vas à Recife,
Rapporte-moi deux rifles et une parabella. [2]
Le seigneur de l'engenho [3] *est parti à l'étranger*
Pour chercher de l'argent pour payer les travailleurs.

27. AI QUE CORAÇÃO

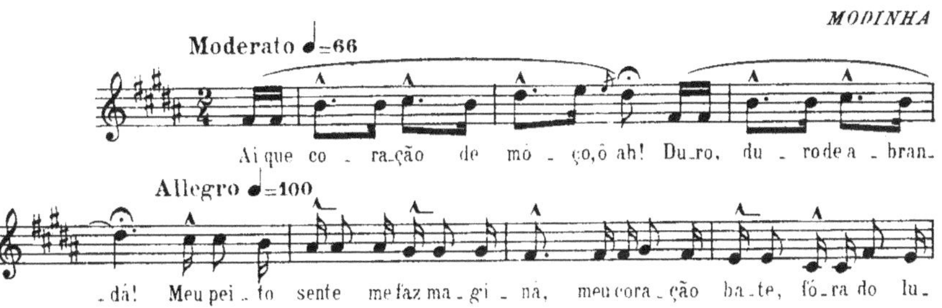

1) Capitale de l'état de Pernambuco.
2) Pistolet ancien modèle.
3) Plantation de canne à sucre.

OH ! QUEL CŒUR

Oh ! quel cœur de jeune homme, oh ! ah !
Dur, dur à attendrir !
Ma poitrine souffre, me fait rêver,
Mon cœur bat dans toute ma poitrine !
Jeune fermier veut me faire la cour,
Fait papa souffrir, fait maman pleurer !
Mon cœur emplit toute ma poitrine.
Baiser donné, sans méchanceté, oh ! ah !
Sur ces lèvres de rosée...
Ma poitrine souffre, me fait rêver,
Mon cœur emplit toute ma poitrine !
Doit avoir, Madame, oh ! ah !
Le parfum de l'aube !
Ma poitrine souffre, me fait rêver,
Mon cœur emplit toute ma poitrine.

28. A PERDIZ PIOU NO CAMPO

LA PERDRIX A CRIE DANS LA PLAINE

La perdrix a crié dans la plaine,
La colombe dans le vallon.
  Oh ! ah ! oh ! ah !
La perdrix a crié de soif,
La colombe parce qu'elle aime.
  Oh ! ah ! oh ! ah !

Mon chéri est de l'autre côté !
Il y a un canot, je ne puis m'en servir.
Il y a un chemin, je ne puis y passer,
Il ne me reste qu'à pleurer !
Oh ! Monsieur le rameur !
Ramenez mon petit chéri de ce côté ! (bis)

29. SUSPIRA, CORAÇÃO TRISTE!

Bate coração,bate
Arrebenta-me este peito! } *bis*
Como cabem tantas maguas
N'um espaço tão estreito? } *bis*

Lá sa vae meu coração
Partido em quatro pedaços. } *bis*
Meio vivo,meio morto
Quer acabar,nos teus braços. } *bis*

SOUPIRE, MON TRISTE CŒUR !

Soupire, mon triste cœur, } (bis)
Console-toi de sanglots. }
Puisque la belle pour qui je meurs } (bis)
N'a point d'égards pour ma souffrance. }

Bat, cœur, bat, } (bis)
Brise ma poitrine. }
Comment mes chagrins } (bis)
Peuvent-ils se tenir dans un si étroit espace. }

Il s'en va, mon cœur. } (bis)
Brisé en quatre morceaux ! }
Mi-mort, mi-vivant, } (bis)
Il veut finir en tes bras. }

---

30. MORENA, MORENA

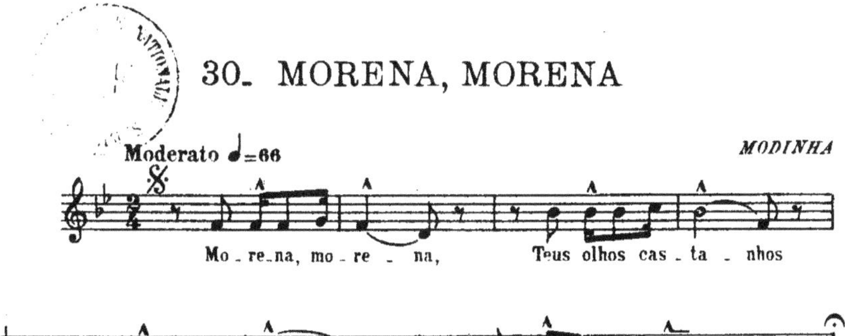

BRUNETTE, BRUNETTE

Brunette, brunette,
Tes yeux châtains,
Tes yeux brillants,
Sont deux diamants.

REFRAIN

Brunette, brunette, }
Aie pitié de moi ! } (bis)

Tes yeux me tuent
Avec leur charme.
Tu seras criminelle
Et je perdrai mon amour.

(Refrain)

31. PAPAE CURUMIASSÚ

ACALENTO DO PARÁ

PAPA CURUMIASSÚ

Papa Curumiassú,
Maman Curumiary,
Le coq chante dans la serre,
Mon coq chante ici, (bis)
Chô,[1] *coq ingrat.*

32_ TUTÚ MARAMBÁ

BERCEUSE

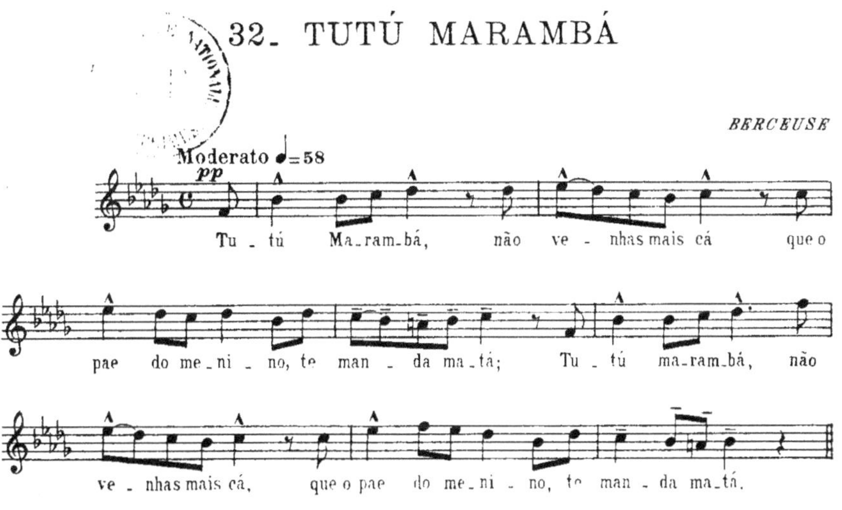

1) Cri pour chasser les oiseaux.

36
Dorm'en_gra_ça_di_nho,pe_que _ ni _ no da mamãe,   Qu'elle é bo_ni_ti_nho o fi_
lhinho da mamãe!   A _ ra _ nha,Ta_ta_nha, A _ ra _ nha Ta_ti_nha,Ta_
tú and' ar_ranhan _ do a   tu _ a ca_si _ nha, A _ ra _ nha Ta_ta _ nha A_
ra _ nha Ta_ti_nha,Ta _ tu é que ar_ra_nha a   tu _ a ca_si_nha.
Su,   su, su, su,   a _ traz do mu_run_dú,   Co _ mer es _ te me_ni_no com fei_
jão__ e an_gú!   Tu_tú Ma rambá,   não ve_nhas mais cá,   que o
pae   do me_ni _ no te man_da ma_tá,   Tu_tú Ma_rambá,   não
ve _ nhas mais cá,   que o pae do me_ni _ no te man _ da ma_tá.

TÚTÚ MARAMBÁ [1]

REFRAIN

Tútú Marambá, ne viens plus ici
Car le père de l'enfant te fera tuer. } (bis)

Dors, mignon, petit de sa maman !
Qu'il est joli, le petit enfant de sa maman !

Araignée Tatanha,
Araignée Tatinha, [2]
C'est le tatou
Qui gratte ta maisonnette. } (bis)

Do, do, do, do, derrière le murundú, [3]
Je mangerai cet enfant
Avec des haricots noirs
Et de l'angú. [4]

(Refrain)

---

33. SABIÁ DA MATTA

1) Croquemitaine du folk-lore brésilien.
2) Araignée des légendes enfantines.
3) Amas de choses en désordre.
4) Plat brésilien fait avec la farine de maïs.

SABIÁ DE LA FORÊT

Oh ! Sabiá de la forêt,
Oh ! Sabiá mon chéri !
Regarde le chemin, sabiá,
Par où viendra mon amour.

Pour cela Sabiá s'est fâché,
Il est allé aux champs cueillir un melon.
En arrivant là-bas, il fit : piou !
Opinion, opinion, opinion.

34. O CRAVO BRIGOU COM A ROSA

RONDE ENFANTINE

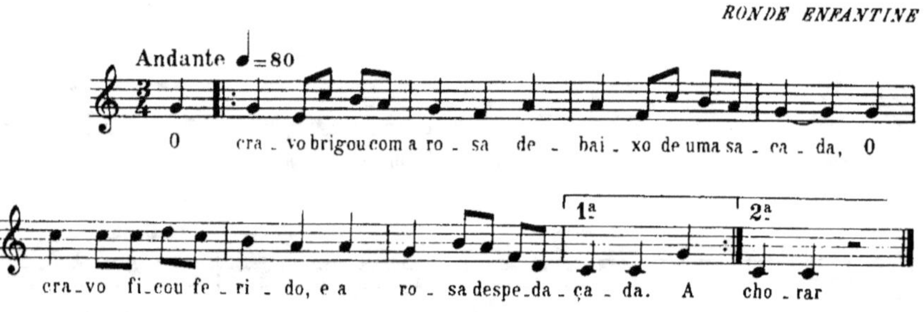

2.º COUPLET
A rosa ficou doente
O cravo foi visital a
A rosa teve um desmaio
E o cravo poz se a chorar

L'ŒILLET S'EST QUERELLÉ AVEC LA ROSE

L'œillet s'est querellé avec la rose
Sous un balcon.
L'œillet partit blessé,
La rose effeuillée.

L'œillet était malade,
La rose est allée le voir.
L'œillet s'est évanoui
Et la rose s'est mise à pleurer.

85. THEREZINHA DE JESUS

RONDE ENFANTINE

2.º COUPLET
0 primeiro foi seu pae,
0 segundo seu irmão
0 terceiro foi aquelle
A' quem Thereza deu a mão

PETITE THÉRÈSE DE JÉSUS

Petite Thérèse de Jésus
Fit une chute et tomba par terre.
Trois chevaliers sont accourus,
Le chapeau à la main.

Le premier était son père,
Le second était son frère,
Le troisième fut celui
A qui Thérèse donna sa main.

36. VAMOS, MANINHA, VAMOS

2ᵉ COUPLET

Leva, Nossa senhora,
Os anjinhos a remar!
Remem, remem remadores,
Que estas aguas são de flôres!

ALLONS, SŒURETTE, ALLONS

Allons, sœurette, allons
A la plage nous promener.
Allons voir le nouveau bâteau ⎫ (bis)
Qui est tombé du ciel dans la mer. ⎭

Prends, Notre Dame,
Les petits anges pour ramer.
Ramez, ramez, rameurs,
Ces eaux sont des fleurs.

---

37. DONA ROSA É BAIXINHA

RONDE ENFANTINE

DAME ROSE EST TOUTE PETITE

Dame Rose est toute petite,
Co ! co ! co !
Elle traine sa jupe dans la boue,
Co ! co ! co !
Elle est mon amour, elle est mon amour,
Si elle meurt, je n'aurai plus personne.

38. EU FUI NO TÓRÓRÓ

RONDE ENFANTINE

JE SUIS ALLÉ AU TÓRÓRÓ [1]

Je suis allé au Tóróró
Boire de l'eau,
Je n'en ai point trouvé.
Je rencontrai une belle brunette
Qu'au Tóróró j'ai laissée.

Profitez, mes amis,
Car une nuit est bientôt passée.
Celui qui ne danse pas maintenant
Pourra danser à l'aube.

THÈMES INCOMPLETS

39. GAVIÃO PENEROU

THÈME INCOMPLET

1) Lieu imaginaire où il y a une fontaine.

L'ÉMOUCHET S'EST SERVI D'UN TAMIS

(Cette phrase qui se répète indéfiniment doit correspondre à une légende
que nous n'avons pu retrouver.)

40. COM AS AZINHAS PARA CIMA

THÈME INCOMPLET

AVEC LES PETITES AILES EN HAUT

Avec les petites ailes en haut,
Avec les petites pattes en l'air,
Vole, vole, vole vite.

41. CHANT INDIEN

d'après *ROQUETTE PINTO: RONDONIA*

ah ah ah ah ah ah ah ah ah
A kui-tia han ti-a han No hin ó-ko-rè u-kuman u i-zo nä
ne tou a kui-a-leu-a ka ma-la-lô ah ah ah
ah ah ah ah ah ah ah ni-a-ha
ká no hin ê ka ma-la-lô Mo ti-a-ça i á A
ri-ti o ka-na-tiô ah ah ah ah
ko-za-ki tá ko-lo-hon u-ni-ta ne-tè u Ni-ha-ká
A ka te re ke ra-rè ah ah

42. CHANT INDIEN

d'après ROQUETTE PINTO: RONDONIA

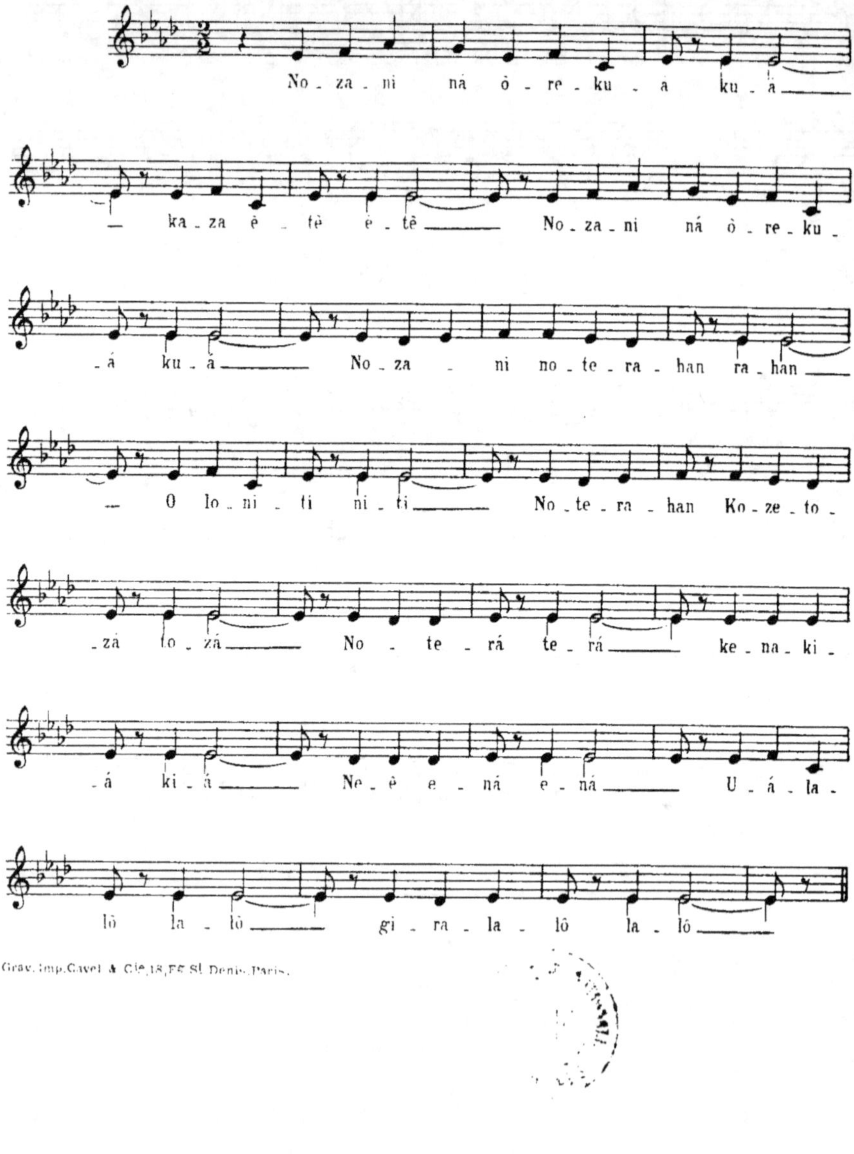

Grav. Imp. Cavel & Cie, 18, Fg St Denis, Paris.

BIBLIOTHÈQUE MUSICALE

DU MUSÉE DE LA PAROLE ET DU MUSÉE GUIMET

PREMIÈRE SÉRIE : RECUEILS DE MELODIES

Format gr. in-4°

TOME 1er. *Chants populaires du Brésil*, recueillis par Mme HOUSTON-PÉRET.

TOME 2. *Chants populaires argentins*, recueillis par Mme ANA S. DE CABRERA. *En préparation.*

TOME 3. *Chants populaires de Grèce*, recueillis par Mme S. CALO-SÉAILLES. *En préparation.*

TOME 4. *Chants populaires de l'Afrique du Nord*, recueillis par le baron RODOLPHE D'ERLANGER. *En préparation.*

TOME 5. *Chants populaires roumains*, transcrits d'après les phonogrammes enregistrés par le Musée de la Parole. *En préparation.*

TOME 6. *Chants éthiopiens*, recueillis par M. H. COHEN. *En préparation.*

TOME 7. *Chants populaires bulgares*, recueillis par M. DOBRI CHRISTOFF. *En préparation.*

TOME 8. *Chants de Rabindranath Tagore*, recueillis par A. A. BAKE. *En préparation.*

Des recueils consacrés à l'Inde, à la Chine, au Japon, au Cambodge, et aux Iles du Pacifique, etc., sont en projet.

DEUXIÈME SÉRIE : TRAVAUX CONCERNANT LA MUSIQUE

Format gr. in-4°

TOME 1er. PÉRI (NOËL). *Essai sur les gammes de la musique japonaise. Sous presse.*

TOME 2. MERLIER (Mme MELPO). *Études de musique byzantine*, volume I. *Sous presse.*

D'autres volumes sont en préparation

PUBLICATIONS DIVERSES CONCERNANT LA MUSIQUE
PARUES EN DEHORS DE LA "*BIBLIOTHÈQUE MUSICALE*"

AUBRY (P.). **Le Rythme tonique dans la poésie liturgique et dans le chant des églises chrétiennes du Moyen Age**, 85 pp. gr. in-8, 1903. Fr. 40 »

Le chant actuel dans les églises d'Orient : le « ΧΡΟΝΟΣ » (le rythme du « ΧΡΟΝΟΣ »; les origines modernes du « ΧΡΟΝΟΣ »). — L'ancienne tradition rythmique : l'accent.

AUBRY (P.). **Le Roman de Fauvel**. Manuscrit inédit de la Bibliothèque Nationale (français n° 146), reproduit par un procédé photographique inaltérable, avec une table des interpolations musicales, 96 planches pet. in-folio, tirées sur papier Velvet Velox (Eastman) et montées à sec sur papier creux sans colle, dans un cartonnage spécial, 1907 . . . . *Épuisé*

AUBRY (P.). **Cent motets du XIII° siècle**, publiés d'après le manuscrit Ed. IV, 6 de Bamberg, 143 pl. phototypiques, 3 vol. in-4, 1908. . Fr. 750 »

Publications de la Société internationale de musique (Section de Paris).
I. Reproduction phototypique du manuscrit original, 130 pl. (66 feuillets). — II. Transcription en notation moderne et mise en partition, 233 pp. de musique notée. — III. Etudes et commentaires : Origine et développement du motet au xiii° siècle. — Le ms. de Bamberg : description du ms., tables, examen de la notion musicale. — Les motets du ms. de Bamberg, recherches sur leur formation. — La rythmique mesurée du xiii° siècle d'après le ms. de Bamberg. — La paléographie des motets, 13 pl., 161 pp.

AUBRY (P.). **Iter Hispanicum**. Notices et extraits de manuscrits de musique ancienne conservés dans les bibliothèques d'Espagne, facsim., musique notée, 84 pp. gr. in-8 1908. . . Fr. 40 »

Un « discantuum volumen » parisien du xiii° siècle à la cathédrale de Tolède. — Deux chansonniers français à la Bibliothèque de l'Escorial. — Les Cantigas de Santa Maria de don Alfonso el Sabio. — Notes sur le chant mozarabe. — Folk-lore musical d'Espagne.

AUBRY (P.) et JEANROY (A.). **Le Chansonnier de l'Arsenal** (trouvères du xii°-xiii° siècle). Reproduction phototypique du manuscrit 5198 de la Bibliothèque de l'Arsenal, transcription du texte musical en notation moderne par P. Aubry. — Introduction et notices par A. Jeanroy, fasc. 1 à 12, in-4, s. d. . . . . Fr. 600 »

Publications de la Société internationale de musique (Section de Paris).
Parus jusqu'ici : Reproduction phototypique du manuscrit : pl. 1 à 384 et 170 *bis* et 170 *ter*. — Transcription du texte musical en notation moderne : pl. 1 à 64 comprenant les chansons I à CCXIII.
Aucun fascicule n'est vendu séparément. — La suite est en préparation; elle sera achevée par les soins de M. Gérold, professeur à l'Université de Strasbourg.

HARCOURT (R. et M.). **La Musique des Incas et ses survivances**, 1 vol. de texte de 1 planche, VII et 574 pp. in-4 broché, et 1 atlas de 39 pl. dont 2 en couleurs, in-4 cart. 1925. Fr. 50 »

AVANT-PROPOS. — Première partie : *Les Instruments :* Chap. I : Les sonnailles et les bruiteurs. — Chap. II : Les tambours et les xylophones. — Chap. III : La trompe. — Chap. IV : La syrinx. — Chap. V : La flûte verticale et le flageolet. — Chap. VI : Les sifflets et les ocarinas. — Chap. VII : Les instruments à cordes. — Conclusions. — Deuxième partie : *Les fêtes et les danses :* Chapitre unique. — Troisième partie : *Le folklore musical :* Chap. I : Les monodies indiennes pures. — Chap. II : La musique métissée. — Chap. III : Des rythmes. — Chap. IV : Les formes et les genres de composition. — Chap. V : Les textes poétiques. — Chap. VI : Les chanteurs et les instrumentistes. — Les notations. — Chap. VII : Comparaison du folklore musical andin avec le folklore musical de l'Amérique en général et celui de l'Espagne. — Quatrième partie : *Les notations musicales et poétiques, leur analyse :* 1re section : Les chants religieux. — 2° section : Les lamentations et les chants qui en dérivent. — 3° section : Les chants d'amour. — 4° section : Les chansons. — 5° section : Wayno et bailes. — 6° section : Kacarpari. — 7° section : Pastorales. — 8° section : Harmonisations populaires. — Bibliographie. — Table des dessins contenus dans le texte. — Table analytique des matières.

SOULIÉ DE MORANT (G.). **Théâtre et Musique modernes en Chine**, avec une étude technique de la musique chinoise et transcriptions pour piano par André Gailhard, XVII pl., nombreux clichés musicaux et 25 gravures dans le texte, XVI et 195 pp., gr. in-4 1926 . . . . Fr. 200 »

INTRODUCTION. — Chap. I. *Les Théâtres*. Les Monuments. La Scène. Décors. Foyer et loges. Publicité. Organisation financière. Classification des théâtres. — Chap. II. *Acteurs et chanteurs*. Les Artistes. Les Figures-peintes. Les Barbes. Les Rôles. Ecoles et Instruction. Vie privée. Biographies. — Chap. III. *Les Livrets*. Caractère des livrets, Origines du théâtre. Pièces anciennes encore jouées; xiv et xv° siècles; xvi° siècle; xvii° siècle; xviii° siècle. Pièces modernes, classées par : 1° Amour (adultère, soupçons injustifiés, jalousie entre épouses, courtisanes, fiancés); 2° Amitié; 3° Honneur (loyauté, patriotisme, reconnaissance, honneur des jeunes filles, des mères, des épouses, des serviteurs, des juges); 4° Le Jeu; 5° Comédies et drames d'erreur. Pièces comiques. Pièces historiques. Traduction complète de l'opéra Tsroe-Ping chann. — Chap. IV. *La Musique*. Première partie : *Faits et documents recueillis en Chine*, par Georges Soulié de Morant. Histoire de la musique. Sous-gamme chinoise. Rythmes, mesures et genres. Harmonies, polyphonie. Composition. Notation. Les Musiciens. Les Instruments. — Ch. V. *La Musique*. Deuxième partie : *La Musique chinoise étudiée d'après la technique occidentale*, par André Gailhard. Premières recherches. Sous-formation de la gamme et gamme chinoise. Notation chinoise. — *Texte de musique :* A. Motifs employés dans tous les opéras; B. Transcription des disques Pathé-Chine; C. Harmonisations pour le piano. Bibliographie. Index.